Silvério Duque
Ciranda de Sombras

Impresso no Brasil, julho de 2013
Copyright © 2011 by Silvério Duque

Os direitos desta edição pertencem a
É Realizações Editora, Livraria e Distribuidora Ltda.
Caixa Postal: 45321 · 04010 970 · São Paulo SP
Telefax: (5511) 5572 5363
e@erealizacoes.com.br · www.erealizacoes.com.br

Editor
Edson Manoel de Oliveira Filho

Gerente editorial
Sonnini Ruiz

Produção editorial
William C. Cruz

Capa e projeto gráfico
Mauricio Nisi Gonçalves / Estúdio É

Diagramação
André Cavalcante Gimenez / Estúdio É

Revisão
Geisa Mathias de Oliveira

Pré-impressão e impressão
Digital Page

Reservados todos os direitos desta obra. Proibida toda e qualquer reprodução desta edição por qualquer meio ou forma, seja ela eletrônica ou mecânica, fotocópia, gravação ou qualquer outro meio de reprodução, sem permissão expressa do editor.

Silvério Duque

Ciranda de Sombras

(POEMAS 1998-2013)

Apresentação de
Jessé de Almeida Primo

aos meus Mortos – ... *tão prematuros*

*e a outros tantos amores e amizades
que agora são apenas
pó, ossos e espera.*

pelo papel decisivo na edição deste livro,
o meu MUITÍSSIMO OBRIGADO

a DEUS
que me deu o dom, a vontade e os meios para que
em mim a poesia se tornasse possível
★★★

ao meu caríssimo
ELPÍDIO MÁRIO DANTAS FONSECA
pela amizade e companheirismo além de quaisquer distâncias
★★★

ao meu editor
EDSON MANOEL DE OLIVEIRA FILHO
que com amor e empreendimento faz a cultura andar a largos passos
★★★

aos mestres e amigos
GABRIEL FERREIRA e JESSÉ DE ALMEIDA PRIMO
que, com pena e pincel, abrilhantam este livro
★★★

à inabalável cumplicidade de
LUCIFRANCE SENA DE CASTRO
pelo amor e propósito em todas as horas
★★★

aos parceiros de tantas jornadas
PATRICE DE MORAES, SUZANI CARIBÉ,
GUSTAVO FELICÍSSIMO e BERNARDO LINHARES
que, com suas leituras, considerações e incentivos, trazem uma estranha e
insistente mania de acreditar em mim

"Mas lembra-te de teu Criador nos dias de tua juventude, antes que venham os maus dias e que apareçam os anos dos quais dirás: 'Não sinto prazer neles'; antes que se escureçam o sol, a luz, a lua e as estrelas, e que à chuva sucedam as nuvens; anos nos quais tremem os guardas da casa, nos quais se curvam os robustos e param de moer as moleiras pouco numerosas, nos quais se escurecem aqueles que olham pela janela... nos quais se extingue o som da voz, nos quais se temem as subidas; nos quais se terão sobressaltos no caminho, nos quais a amendoeira branqueia, nos quais gafanhoto engorda, nos quais a alcaparra perde a sua eficácia, porque o homem se encaminha para a morada eterna e os carpidores percorrem as ruas; antes que se rompam o cordão de prata, que se despedace a lâmpada de ouro, antes que se quebre a brilha na fonte, e que se fenda a roldana na cisterna; antes que a poeira retorne à terra para se tornar o que era; e antes que o sopro de vida retorne a Deus que o deu."

(Eclesiastes 12, 1-7.)

"Compenetrados do temor ao Senhor, procuramos persuadir os homens; estamos a descoberto aos olhos de Deus, e espero que o estejamos também ante as vossas consciências."

(Segunda Epístola aos Coríntios 5, 11.)

"Sabei que a vida terrena nada é senão um divertimento e um jogo, e adornos e fútil vanglória, e rivalidade entre vós à procura de mais riquezas e filhos. Assemelha-se à vegetação que se segue a uma chuva."

(Corão, Sura 57, 20.)

Sumário

PROFUNDAMENTE
por Jessé de Almeida Primo 15

CIRANDA DE SOMBRAS

UM PRELÚDIO 25

I MOVIMENTO
A CIRANDA DAS SOMBRAS
ou MEMÓRIAS E SAUDADES INVENTADAS
E OUTRAS CANÇÕES DA INFÂNCIA MORTA
(2001 – 2009)

Subíamos a Serra como quem imitava a própria vida 30
Seguimos por estes morros 35
A capelinha dos vaqueiros povoava sozinha 41
Pelos lados do asfalto frio da estrada 47
Nossas avós sentavam-se à varanda 48
Na casa velha dormem ainda 50
O velho Carango parecia trazer a Eternidade 51

INTERLÚDIO
OUTRO MUSEU DE TUDO
(2003 – 2010)

(*Um esboço*) 56

A Anunciação de Fra Angelico 57

O Batismo de Cristo de Piero della Francesca 58

As três idades do homem e a morte de Hans Baldung 59

A dúvida de São Tomé de Caravaggio 60

Susana e os Velhos de Artemisia Gentileschi 61

A Crucificação de Cristo de Rubens 62

Vênus ao espelho de Velázques 63

Moça com brinco de pérola de Vermeer 64

Andrômaca a velar Heitor de Jacques-Louis David 65

A barca do Medusa de Géricault 66

Angelus de Millet 67

A morte dos Nióbidas de Pierre-Charles Jombert 68

A Batalha do Avaí de Pedro Américo 69

Esqueletos procurando se aquecer de James Ensor 70

O Grito de Edwar Munch 71

Dagmar de Anders Zorn 72

O carrossel de Mark Gertler 73

Guernica de Pablo Picasso 74

Criança morta de Cândido Portinari 75

O Vaqueiro de Juracy Dórea 76

O flagelo de Lucas de Carlo Barbosa 77

A pele de Esaú de Gabriel Ferreira 78

II MOVIMENTO
LA DANSE MACABRE ou O CORTEJO DOS MORTOS
(1998 – 2013)

CANTO DE ANULAÇÃO 83
TRÊS CANÇÕES INFANTIS E UM ACALANTO
    I. A Casa de Asas 85
    II. Ciranda da Chuva Sertaneja 87
    III. *Pour Faire Le Portrait D'un Oiseau* 88
    Um Acalanto 89

CONTEMPLAÇÃO DE CACHOEIRA 91

O CORTEJO DOS MORTOS
    I. Contemplação de um Rosto Imóvel 93
    II. Um Cântaro Junto à Fonte 95
    III. Os Bens de Sangue, Hereditariedade
        e Outros Tantos Atavismos 97

O CACHO PERDIDO DE TEU CORPO 99
    Soneto I – Variação Em Tom Menor 100
    Soneto II – Variação Em Tom Maior 101
    Soneto III – Coda 102

TRÊS SONETOS AMOROSOS...
    I. Soneto: *"In Sogno..."* 103
    II. Soneto Enjoativo 104
    III. Soneto Cafajeste 105

LÚCIFER 107

UMA CANÇÃO SOBRE O SILÊNCIO 109

UMA CANÇÃO PÓSTUMA 111

JURNALUL FERICIRII 113

III. MOVIMENTO
A ÚLTIMA CAVATINA
(FINALE)

UM INSTANTÂNEO PÓSTUMO 119

VERSOS PARA NÃO FICAR CALADO 121

AH, UMA ELEGIA... 123

UM PÔR DO SOL NO RECIFE 125

... À MULHER DE LOT 127

PROFUNDAMENTE
por Jessé de Almeida Primo[1]

O retorno de Bruno Tolentino ao Brasil, em 1993, com a publicação de seu quarto livro, *As Horas de Katharina*,[2] mostrou às novas gerações o quanto a grande poesia, com seus metros, formas fixas e opulência de rimas, é também contemporânea, e o quanto as suas possibilidades não foram ainda esgotadas, tornando assim mais confortável a situação daqueles para os quais a poesia deve a um só tempo servir à forma, à riqueza de imagens e, principalmente, à língua.

Enfim, um espaço foi aberto para que uma poesia sofisticada se manifestasse de modo mais franco. Ao menos essa alcançou maior visibilidade.

Estamos falando de uma geração cuja formação poética se deu quando o bardo carioca ainda se encontrava na Europa, e que buscava inspiração numa poesia que de fato conquistou a sensibilidade das gerações que a antecederam: Camões, Gregório de Matos, Tomás Antônio Gonzaga, Florbela Espanca, Olavo Bilac, Guilherme de Almeida, Fernando Pessoa, Manuel Bandeira, Carlos Drummond de Andrade, Cecília Meireles, João Cabral de Melo Neto... Enfim, autores que renovaram a língua e o mundo das formas a partir dos elementos oferecidos pela

---

[1] Crítico literário e autor de *A Natureza da Poesia*. Tulle, 2007.

[2] *As Horas de Katharina*. São Paulo, Cia. das Letras, 1994. A editora Record publicou em 2010 uma nova edição, comentada e acompanhada da peça *Andorinha: ou a Cilada de Deus*.

própria tradição, ou descobriram nesses elementos possibilidades não suspeitadas, mas que uma vez descobertas não havia como negar-lhes a naturalidade.

Na Bahia, tive o privilégio de conviver com uma geração que se destacou mais pela pesquisa das formas já existentes, dando-lhes desse modo continuidade, do que pelo desespero de tirar uma forma do nada: a começar pela geração de 1960 e 1970, como é o caso de Ildásio Tavares, com os belíssimos *IX Sonetos da Inconfidência* ("Meu coração é de metal sonante / e se eu tivesse trinta corações / eu venderia todos" [1999]), Antônio Brasileiro, com *Licornes no Quintal* ("São teus, meu pai, os frutos / duramente / não colhidos" [1989]) e Roberval Pereyr com *Amálgama* ("Entrei de costas na vida / e vi o passado morrer" [2004]).

Num lapso de trinta anos, e na geração que passou a conviver com a poesia tolentiniana, não posso me esquecer de Patrice de Moraes, com o livro *Erótico* (2005), em que o conteúdo, por vezes fescenino, encontra sua melhor expressão não em versos ditos livres e numa construção indigente, mas, ao melhor estilo Gregório de Matos, numa sintaxe bem construída em sonetos impecáveis ("um texto de idioma universal / que assente seu império lexical / fluente à proporção que seja lido") e numa terça-rima exemplar ("Sentindo o mastro lhe beijar a vinha / e vagarosamente introduzir-se, / regia com a batuta da espinha"); Nívia Maria Vasconcellos, que teve uma bela estreia com o opúsculo *Invisibilidade* (2002), no qual as sucessivas tentativas de definir o homem distribuem-se na forma espiralada dos tercetos brancos e livres, seguido de *Para Não Suicidar* (2006), uma série de contos sobre *all the lonely people* que não sabem *where do they all come from*, e *Escondedouro do Amor* (2008), no qual nos deparamos com poemas de inspiração hilstiana, além de dísticos muito bem elaborados e que emolduram uma linguagem clara, um fraseado limpo e elegante ("Descarto-me do olhar que me apresenta / o mundo que, por vezes, me descarta"); e Gustavo Felicíssimo, que, com *Procura e Outros Poemas*,³ encontra soluções bem inventivas para a não menos inventiva forma fixa "retranca" criada por Alberto da Cunha Melo, provavelmente a partir do soneto inglês, e pela qual dá voz ao Don Juan, com base na leitura de Tirso de Molina ("Desejo todas as mulheres / antes mesmo de as conhecer").

Vindo para São Paulo em 2007, tal qual alguém que recebe um grande presente, fui apresentado a *O Livro de Scardanelli*,⁴ de Érico Nogueira, um poeta que radicaliza a relação entre o autor e seus modelos, realizando uma poesia original, com alto grau de sofisticação ("A hora acorda, a altura se ilumina"), e sem medo de mostrar uma origem nobre, a partir de emulações em que, mais precisamente, a partitura formal de seus poetas preferidos serve ao propósito da sua – como é também o caso de *Dois*, seu segundo livro, finalista do Prêmio Jabuti 2011,⁵ em que *As Elegias Romanas*, de Goethe, e as famosas sequências hoelderlinianas de *Pão e Vinho* são retomadas numa linguagem, dir-se-ia, mais *pop*, isto é, despojada dos adornos neoclássicos do livro anterior, posto que nele já despontassem os primeiros indícios do rumo que sua obra tomou ("Não quero já de novo ser banal: / 'Ó sol etcétera', 'ó mar', 'ó céu'").

---

³ Gustavo Felicíssimo, *Procura e Outros Poemas*. Ilhéus, Mondrongo, 2012.

⁴ Érico Nogueira, *O Livro de Scardanelli*. São Paulo, É Realizações, 2008.

⁵ Idem, *Dois*. São Paulo, É Realizações, 2010.

Pouco tempo depois, apresentado pelo mesmo Érico Nogueira, li o *Cânone Acidental*,[6] de Marco Catalão, em que este, seguindo mais ou menos o esquema de Nogueira, utiliza a forma dos clássicos de língua portuguesa para, entre outras coisas, dar voz ao homem cotidiano, atingindo dessa forma um efeito inusitado e não raras vezes hilário: basta imaginar um homem cotidiano reclamando do trânsito, da fila no banco, lamentando a derrota de seu time com a prosódia e a sintaxe de Camões, de Tomás Antônio Gonzaga, Cecília Meireles... ou mesmo a expressar os delírios típicos do *maconheiro--cult-alternativo* com o auxílio luxuoso de Olavo Bilac: "Vocês dirão: 'Coisas de bicho grilo! / Ouvir estrelas, ver ETs'".

Se Bruno Tolentino criou uma situação mais confortável para aqueles que querem dar continuidade à tradição do verso, por outra não exerceu sobre essa geração uma influência de escola, afinal, como já foi dito, essa já escrevia quando ele ainda se encontrava na Europa, de modo que são outras as suas referências e seus modelos.

Silvério Duque, autor de *Ciranda de Sombras*, que apresento neste prefácio, poderia ser visto como um caso à parte nessa mesma geração. O intervalo entre seu contato com a obra tolentiniana e a absorção dela na própria poética não foi muito longo. Ademais, a receptividade a várias influências poéticas revela-se bastante franca, direta, e, paradoxalmente, valendo-se de várias vozes, encontra sua própria voz, como veremos mais adiante.

Este é seu quarto livro. Em 2002, publicou *O Crânio dos Peixes*, um belíssimo diário de viagem no qual, como um rio cabralino, as imagens são vistas como de um automóvel em movimento; em 2006, *Baladas e Outros Aportes de Viagem*, um passado que de

---

[6] Marco Catalão, *O Cânone Acidental*. São Paulo, É Realizações, 2009.

tão recordado se torna um passado ideal, em que as sombras ciranteiras agora são retomadas com mais substância; e, em 2010, *A Pele de Esaú*, uma meditação pessoal do episódio de Esaú e Jacó, dividida em duas partes, a primeira uma sequência de sonetos mais diretamente relacionada ao episódio bíblico, e uma segunda, na qual predomina uma série de poemas salmídicos com o *leitmotiv* rilkiano: "Todo anjo é terrível", a culminar num soneto *finale* em que o tema inicial é retomado como numa suma.

Finalmente, *Ciranda de Sombras*, obra dividida em três partes, das quais cada uma é menos identificável por temas que por tons específicos; mais precisamente, movimentos musicais. Em cada uma delas destaca-se a voz de alguns poetas que por sua vez revelam algo do espírito do próprio poeta que os homenageia ou emula. Como já tinha observado a escritora Nívia Maria Vasconcellos no prefácio de *Baladas*: "Prenhe de epígrafes e dedicatórias, este livro faz alusão de maneira expressa às intervenções deliberadas que sofreu. Nele podemos perceber autores lidos por Silvério e a leitura que efetuou de suas obras".[7] É o caso da voz bucólica de dicção sertaneja, na qual, destacando-se entre outras a de Eurico Alves Boaventura, predominam as reminiscências infantis e algumas experiências extáticas relacionadas a esses momentos; ou a voz camoniana lida pela poesia de Jorge de Lima de *Invenção de Orfeu*. Presenciamos o amanhecer revelando os contornos de uma paisagem árida por meio do metro fortemente acentuado e de cores intensas que caracterizam os sonetos pavônicos de Sosígenes Costa; a implacabilidade do tempo nos pentâmetros

---

[7] "O Intertexto Poético: Intervenções, Fragmentos e Vivências ou Uma Leitura sobre Leituras". In: *Baladas e Outros Aportes de Viagem*. Ed. Pirapuama, 2006, p. 13.

shakespeareanos; a poesia grega a partir da lírica sáfica ou o auxílio luxuoso do mito; e, entre outras vozes aqui não citadas, a dicção e sugestões imagéticas da poesia de Bruno Tolentino e sua relação com a arte pictórica,[8] um autor cuja presença é uma das mais marcantes nesta obra, seja pelas alusões diretas, seja pelo uso de recursos que, embora já usados por outros autores, na poética tolentiniana acabam por se constituir uma marca pelo uso recorrente: o alexandrino mais flexibilizado e por isso mais próximo à respiração natural, um *enjambement* mais elástico, os períodos que se prolongam em várias estrofes ou tom das metáforas.

Se por um lado nos deparamos com essa pletora de vozes, por outro elas vão se afunilando numa única voz pessoal, que é a do nosso autor em questão. Autor que conheci aferrado aos poemas expansivos e polimétricos de um Álvaro de Campos sensacionista e com algo da poesia condoreira, mas que aos poucos definiu melhor sua forma: tornou-se menos teórica e mais expositiva, como de resto é o modo como a poesia mais bem se manifesta; sua linguagem foi adquirindo cada vez mais concisão, tornou-se mais mineralizada e, tornando-se mais ajustável a uma moldura, aproximou-se mais do objeto tratado, dando, dessa maneira, a impressão de assumir o aspecto da matéria, melhor dizendo, da matéria em plena formação:

E assim seguia a procissão
como um só homem arrastando-se sobre a colina

---

[8] Além das epígrafes, dedicatórias e alusões poéticas, o autor também evidencia seu apreço pelas artes plásticas, sobretudo nos poemas do *Interlúdio*, onde faz questão de explicitar, com os colchetes que precedem o poema, obras de arte que lhe serviram como mote. (N. E.)

dissolvendo-se em muitos outros homens
que iam habitar as paragens do morro e os nossos olhos
que de longe avistavam o imenso humano de couro
e lamentos a abraçar a capela.

Por fim, ler *Ciranda de Sombras* é algo como ler um memorial, é acompanhar a história íntima de um homem por meio da sua relação com seus poemas preferidos e que lhe apontaram o caminho a seguir e lhe amadureceram a pena. É, sem dúvida, uma obra de formação, uma obra que narra a passagem do tempo. Assim, não parece ser mera coincidência este livro começar com uma alegre narrativa da subida de algumas crianças a uma serra ("... subíamos a Serra / como quem imitava a própria vida") e terminar com quatro elegias que desembocam no poema final, no qual se lê: "Tudo é memória...! Nesse breve instante", ecoando, por sua vez, o Manuel Bandeira de "A Velha Chácara", de "Ovalle", de uma obra em prosa de teor memorialista, como *O Itinerário de Pasárgada*, uma das mais belas páginas de crítica já escritas no Brasil, e dos versos com que encerro esta apresentação e que constituem ademais uma ciranda de sombras:

Hoje não ouço mais as vozes daquele tempo

Onde estão todos eles?
Estão todos dormindo
Estão todos deitados
Dormindo
Profundamente.

CIRANDA DE SOMBRAS

UM PRELÚDIO

ao poeta Jorge de Lima... *in memoriam*

Reinvento as minhas dores, meus mistérios...
Minhas estradas nunca concluídas
retidas entre as vozes convalidas
da esperança – entre tantos despautérios –

foram mais um ocaso em meio às tardes
contemplado, tal qual um abraço aberto
para o que foge por caminho incerto
sem rotas, nem retornos ou alardes.

Mas há entre estas dores certo sonho
certo encanto jamais embrutecido
certo desejo nunca revivido

que a vida perde o seu sabor medonho
e eu colho enfim a calma que há na vida
como quem colhe o pão de sua lida.

Feira de Santana, 15 de março de 2006/27 de janeiro de 2009.

I
MOVIMENTO

O Vaqueiro, de Juracy Dórea (1980): Mista sobre azulejos; 180 x 220 cm
Mercado de Arte Popular, Feira de Santana, Bahia, Brasil.

A CIRANDA DAS SOMBRAS

ou MEMÓRIAS E SAUDADES INVENTADAS E OUTRAS CANÇÕES DA INFÂNCIA MORTA
(2001 – 2009)

à memória
do poeta Eurico Alves Boaventura
&
do senhor Abílio Santa Fé Aquino

... *a subida da serra é um plágio da vida*...
EURICO ALVES BOAVENTURA

    ... subíamos a Serra
    como quem imitava
    a própria vida.
    Era na Serra que sentíamos
    a verdadeira sensação de viver.
Era do alto de sua imensa testa de rochas
que vivíamos pela primeira vez.
                Era por ela que
                tudo que existe fazia sentido...
        Na Serra,
        acaso a morte chegasse
            seria bem-vinda.

Muito mais que imenso e azul
era o céu tão próximo de nós.
Era como se a eternidade
num dia único de um sol mais do que claro
beijasse-nos os olhos
e víssemos
novamente pela primeira vez
o mundo de uma maneira sempre sem igual
quando éramos
uma parte daquela montanha tão alta
e Deus, sentido em nosso suor
compreendido
por nossos rostos

tão satisfeitos
não nos parecia tão distante...
Deus era, assim, tão sólido
na Serra
que O sentíamos em nossos pés
e
muitas vezes
rezávamos
para as rochas.
       E rezávamos...
       rezávamos tanto que um dia
descobrimos que Deus pisara aquelas pedras
e só Ele sabia
o quão alegres ficamos
e o quanto a palavra *fé* se revelara para nós
pois quando se é criança
e se encontra Deus nas bolas de gude
ou nas piculas em frente às varandas de nossos avós
sabemos que Ele não é menor que a nossa inocência
mas muitíssimo maior que tudo quanto só nós
naquela idade
imaginávamos
e
à medida que crescíamos
Deus se tornara menos sério
que aquelas brincadeiras. Mais tarde
descobrimos que aquelas brincadeiras
eram um pedaço de Deus que perdíamos quando

deixávamos de ser crianças
e pensávamos em coisas sérias, como Deus.

    Na Serra
    entre nós e Deus
    não havia intermediário
        a não ser
        nossa vontade
        de vê-Lo
        que era sempre.
Talvez fosse por isso que trazíamos
a manhã aberta e renascida em nossos olhos
quando subíamos a Serra
        e víamos o dia deitar-se sobre a Caatinga
        (àquela época verde)
        e ao fechar de nossos
        olhos (que eram inocentes)
        na imensidão profunda da montanha
        que mergulhava no infinito azul
        daquele céu
        (acima de tudo único)
trazíamos a noite calma
que se achava extinta dentro de nós.

Na Serra
observávamos a cidade...
Era nossa cidade...
mais nossa
porque vinha de dentro de nós...

nossa
porque vivíamos os instantes em que ela
nos abrigava em suas noites sombrias e calmas
noites em que quase sempre tínhamos medo
Pois o silêncio era impossível de se contar
porque, por sermos crianças, não
compreendíamos o silêncio
por sermos crianças,
                o silêncio não era nosso...

Observávamos nossa cidade sob o céu cinzento
de alguma tarde ilúdica;
naquela tarde
onde
graças à imensidão da Serra
éramos grandes: bem maiores que nossa cidadezinha
         (sonolenta)
cidade que o azul daquele céu avermelhando-se
nos ofertara. Na Serra
abríamos os olhos como quem abria duas janelas
para espiar a rua... mas aquilo que olhávamos
era o mundo (e o mundo era
sempre imenso
mesmo quando parecia caber
dentro de nosso olhar).
Olhávamos e escutávamos a tarde
de dentro de nossas janelas altas
e víamos a virgem cidade de Santa Bárbara
tão grande quanto nossa maldade

(se acaso aquele instante já a tivéssemos)
e percebíamos que
por mais incrédulas que fossem as outras cidades
a casa de Deus era sempre maior
e como o respirar frio do inverno que ainda vivo invade
a primavera com sua tristeza
 – menos na Caatinga –
naquele instante
nossa alegria parecia inextinguível
nossa perplexidade tão eterna
quanto a nossa vontade de estar sempre ali:

                                     ... sonhando

...seguimos
por estes
morros
pela enxurrada
verde
de vida que as
chuvas
trouxeram
tão
pobres
tão perplexos
pela
beleza
de tudo
pela beleza
viva
que floresce na Caatinga
pisamos caminhos por muitos pés escritos
pelo labor contínuo
de intermináveis instantes
pela enorme vontade de roubar da morte
um pedaço qualquer de sonho
        qualquer coisa que floresça
        qualquer coisa que brote:
        como o chorar, no desespero
        qualquer coisa tão viva:
        como o desejo que antecede o sorriso

   que vem depois do brinquedo
   qualquer coisa em que a vida se derrame
   pois para isso
   nos serve
    o olhar profundo
(e nada é tão perplexo quanto o olhar de uma criança)
   é no olhar
   de um menino
   que tudo se faz novo.

Seguimos
por estes pastos
morro abaixo
e a capelinha dos vaqueiros é enorme à distância...
seguimos
pela pauta musical que os arados formam
pela colcha de retalhos das muitas roças
vistas do alto da Serra
que é também
o alto da vida.
E há em tudo isso um odor de eterno
   uma ciranda nos olhos
   uma existência
   que nos salta a cada passo
   e colhemos disso tudo um sabor de vida
   esse manancial de cores que as chuvas nos deram
   essa explosão de formas
   que vai tomando tudo
   e

        que por curto tempo
        esconderá a morte dormindo
        nestes campos
        de pedras
        macambiras
        e de calor intenso
        desse calor tão forte
        que não é nada senão
        o suspirar da própria morte
        a hibernar por baixo
        da vida que recobre a Caatinga
        sempre
a despertar em hora certa
para fazer dos dias
um interminável instante
para fazer da noite
o prenúncio
da nossa infindável angústia.

Mas tudo é verde agora
tudo é um rumor de água
é um soprar de chuva
por onde corremos alegres
saltando como saltam grilos
besouros
e todo tipo de inseto a anunciar a vida
e quando chega a noite
é toda sons:
serestas de cigarras

trovar de pássaros
e o acalentar de sapos
a anunciar que tudo dorme
menos a alma da noite e a alma das crianças que somos
        pois
        como a vida
        somos salto
        somos sustos
        fonte a fluir a vida antes que cresçamos
        para sermos luz e
        lâmpada
        represa
        ou
        fosso...

Atravessamos estes campos
como alguém que se esqueceu do tempo
e não o quer de volta
porque
no fim
todo instante será um só
todo poente o mesmo poente
toda a aurora
a extensão
da mesma aurora. Mas as crianças
que fomos
essas
sim
passaram... Só isso passa e

só a morte nos fica
só ela permanece
calada ou estrondosa
por debaixo do
chão e
a morte
como o tempo
é
uma
impressão
que fica e se faz real
é
ela
que está no fim de toda madureza
como está por trás de tudo quanto é verde
no velocípede quebrado
na bola murcha
na gude roubada
na ciranda desfeita pelo chamado da casa
na picula interrompida pela noite
no bonequinho sem cabeça
no carrinho sem roda
ou em qualquer recordação jogada fora...
Há sempre uma morte por trás de tudo e
nas lembranças de quando éramos crianças
talvez
resida a pior das mortes.
  Contudo
    seguimos

a nossa cidade, a coisa mais morta de todas
já nos espera com suas vozes brandas
seu silêncio de adulta
seus braços de avó senil
suas mãos
cheias de um adeus esquecido...
    nossa cidade
    também
    cheirando a chuva
    a verde...
        e a lembrança

... a capelinha dos vaqueiros
povoava sozinha
aquele morro envolto em Caatingas
que iam se derramando inúmeras
por um chão de vivas brasas
formando sobre o pó
os mais duros degraus do altar
que a natureza
esculpiu
com o desfolhar dos tempos
e a agonia dos dias infindos
de nossa cidade.

Mas uma vez por ano
a verdade de suas paredes frágeis é muito pouca
para abrigar a fé que vinha a galope
embalada por um canto
sarraceno
anunciando a subida daqueles
que suavam sobre o corpo a alma sofrida dos sertanejos
esfolando os joelhos rijos sobre a graça da terra
e a inconsútil poeira da dor que anima a escaláda.
                Uma vez por ano
                  Deus
é metáfora viva sobre o lombo dos vaqueiros enfileirados
           é uma coluna vinda de outras eras
           é um canto em cor surgindo em nossos olhos

fundos e calmos a tecer uma música
sobre a face nua de nossa inocência
uma vez e apenas uma vez por ano
admiramos homens e cavaleiros
todos formando juntos
uma marcha de símbolos exatos e reais
abraçando com a fé a extensão
daquele morro...

Assim era a manhã
da Missa dos Vaqueiros. Uma manhã entre poucas...
onde a vagarosa existência de nossa cidade
era abalada por um canto elegíaco
agora refletido neste olhar que a memória desenterra
um canto como os nossos olhos ausentes desta verdade
somente agora revelada
um louvor à graça imortal deste lugar de calmas horas
um louvor à existência escondida
sob a terra seca destes outeiros
à falsa ausência de vida destes lajedos
ao verde escondido dentro das mortes destes pastos...

Assim como uma lesma
se imprime na lembrança de seu visgo...
como a cobra se imprime sinuosa
nos vastos areais entre as Caatingas
o préstito de couro e cânticos
se imprimia nas muitas ruas de nossa cidade
        (pequenininha)

– como nos muitos guetos de nossa memória –
cortando-as de cavalos
e de armaduras feitas com almas esticadas e raivosas
todos compondo um vasto coro
e este canto nos deixara um desalento
um enorme desprezo pelo que há-de vir
e uma simples vontade de amar a vida
por onde a vida mais cedo
recomeça.
E a vida parecia ter começo
nas janelas que pela fé se abriam
deixando escapulir a alegria
de se olhar a vida em movimento
como o lume existente em cada acha
como a morte presente em cada início
e a certeza de que a ausência é sempre um indício
de que as coisas correm umas para as outras... Desta forma
num tumulto silencioso
nascimentos inúmeros brotavam das janelas
e toda a nossa cidade
empoada
era um imenso nascedouro
onde o chão
pequeno demais para o galope
reduzido à memória e ao deslumbre
era um pouco do céu inalcançável
pelos muitos lamúrios
de quem só conheceu
da vida

a esperança
e a saudade do que se desejou.

E assim seguia a procissão
como um só homem arrastando-se sobre a colina
dissolvendo-se em muitos outros homens
que iam habitar as paragens do morro e os nossos olhos
que de longe avistavam o imenso humano de couro
e lamentos a abraçar a capela.

    Ah, memória
    em nós
    perdida
    verdade tão plausível
    de nossos sonhos...
    era um tempo que não imaginávamos
    – tempo de delírios e venturas
    tempo de desejos e assombros –
    era um tempo vivido em nossos corpos
    era um tempo existido em nossas almas
    que fogo obscuro e frio
    levou nossos instantes dependurados
    sobre a janela viva
    de nossas lembranças
    um aboio sonoro e altíssimo
    este agudo e afiado som da verdade
    (o das lágrimas sem rumo)

Que lembrança daremos ao mundo

que virá radioso após a nossa partida?
Que certeza brotará
da noite e de nossa ausência...?
Há tardes e manhãs que custam fenecer
mas aceitamos
a noite
o silêncio
e o tempo
em suas formas
simples
como aceitamos
a recordação
distante
da realidade.

Daquilo
que de mais concreto
nos pertenceu
sobrou apenas
o indefinível sopro
do soluço encarcerado
e um aboio
distante
entre
as muitas
moradas
da alma.

A capelinha
dos vaqueiros
ainda povoa
         sozinha
aquele morro
como povoa
nossa
lembrança

    ... o esquecimento.

... pelos lados do asfalto frio da estrada
estendia-se o tapete paralelo
da aurirrubra Caatinga de amarelo
vestida com as cores da alvorada

porém, refeito em sonho sobre o nada
– e nos fazendo crer que algo de belo
nos decifre os enigmas deste anelo –
todo o Sertão agora é de esmeralda

e o odor da vida pela noite aumenta
após as horas plúvias na cinzenta
flora e o milagre líquido da tarde

de cor de vida todo o horror devora...
mas em nossa visão de nova aurora
a imagem do que é morto ainda nos arde.

... nossas avós
sentavam-se
à varanda
despedindo-se
de seus sonhos...
Todos
os dias
um novo
adeus
todos os dias
uma nova
súplica
e com ela
outras tantas
mortes. Seus corpos
murchados
ao redor
de seus olhos
e
em seus olhos
como
em suas carnes
um resto
qualquer
de tantas
vidas. Mas é
possível

ver
em seus rostos
as mãos
que trabalharam tanto
o caminhar
sobre seus pés extintos
a moldura
de tantos retratos
a saudade
de si
e
de seus
    mortos.

        Nossas avós
      ... e a recordação do que seremos

(... na casa velha
dormem
ainda
outras canções de antigas tardes
mas nada nos diz
o eco melancólico destes silêncios.

A fúria das lembranças que se foram
muito cedo
nos invade a memória
com rosários e rezas
com as estórias de uma infância
muito além de nosso compreender
com a ternura antiga
que alongava os dias, os sorrisos
e os nossos supostos sonhos...

Tudo é um imenso vazio que nos povoa as almas!

Na casa velha de nossa infância
as lembranças projetam dores
sobre o nosso olhar perdido...)

... o velho Carango
　　parecia trazer
　a Eternidade ao longo
　　　　da carroça que o levava...
É a passos de burro que a vida passa pelas roças
com aquele
lentíssimo
caminhar
preciso
　　que era o desfraldar
de nossas inocências e
hoje
marcha tão rápido dentro das
lembranças dos meninos antigos que somos
mas com uma alegria inigualável: como
　　o primeiro brinquedo da criança
　　que só teve sonhos.

Na busca sem culpas do
fim das coisas ingênuas
pongávamos naquela carroça com o vigor e a fé
que a infância acentua no homem
e quando adultos
　　　　só a lembrança
　　　　a resgata em nós
　　　　na forma da saudade
　　　　que aumenta e

nos faz tão
pequenos.
Pongávamos
naquela carroça
como quem antecipa os anos
e se faz
homem
passando a ser um pouco mais menino.

E se acaso ali mesmo a forma adulta nos ordenara a existência e vinha-nos desprovida de sua essência amarga e vazia para nos ensinar o que só hoje tarde demais para retornar compreendemos: que a vida é muito mais viva quando sonhada... Meu Deus!, como dormimos pouco agora que crescemos... Mas o velho Carango não nos transmitia isso. Ele que talvez não dormira nunca era agora parte da estrada que nos parecia como uma cobra a cortar de terra aquela Caatinga tão efemeramente viva e cujo rastro ficava por conta das rodas movidas pelo burro que a passadas lentas imitava a teimosa vivência daquele verde acentuando-se à nossa volta e em nossas recordações.

Aquele homem
tão rude e místico como os lajedos
trazia uma simplicidade meiga e acentuadamente
calma naquele rosto que o tempo feriu
com a velhice e com a tristeza
    era a face de quem se envolveu de amor
    com a mesma crueldade com que o amor
    envolve tudo.

Entendemos agora sua doce maldade ao permitir
nossa subida àquela carroça
para junto a ele
somarmos com
        as vidas
(tão diferentes, cada uma em seu extremo)
as migalhas de tempo que sumiam
como a paisagem
e cuja existência se resume à lembrança
das crianças que fomos
e trazemos à nossa vida de homens adultos. Era
para não nos perdermos, não nos esquecermos
nas fotos
        nas gavetas
                nas casas que fomos nós
                em nós mesmos.
    Dentro de nós
    perdidos
    estão
    em algum tempo
    as vidas que
    um dia
    fomos
muito mais mortos
do que o velho Carango e o seu burro.

(Ah, como éramos vivos
quando a vida nos era mistério... E agora
mortos

sentimos o quão vazia é
sabedoria
dos que cresceram.)

De bom
porém
alguma coisa sempre fica de tudo:
dentro de nós ficou
        a semelhança
        entre o velho Carango
        e seu Burro
        entre a velha carroça
        e os ossos
        que seremos um dia
        entre a cobra de terra
        e a morte
        que a madura idade representa
        e acentua em nós
        entre aquela Caatinga esverdeando-se
        a teimar com a morte
        negar o aurirrubro da
        ensolarada tarde...

                ... como quem nega o Inferno.

INTERLÚDIO

OUTRO MUSEU DE TUDO
(2003 – 2010)

a Gabriel Ferreira, in debito

*Este museu de tudo é museu
como qualquer outro reunido;
como museu, tanto pode ser
caixão de lixo ou arquivo.
Assim, não chega ao vertebrado
que deve entranhar qualquer livro:
é depósito do que aí está,
se fez sem risca ou risco.*

JOÃO CABRAL DE MELO NETO

(Um esboço)

Cada traço que dou vem inundar de vida
minha loucura imensa. Eu elaboro estradas
os lugares por onde passo, cais desertos
onde me vejo imenso... seguindo sozinho.

Talvez por isso, em minha vida, é que remonte
estas memórias – rumos de uma só jornada:
para ter em meus dias alguma partida
esquecida, lembranças demoradas... só!

Não sei se num romper antigo destas novas
saudades fiz de mim as emoções das telas
de que me cubro – fossem meus estes sentidos

estas vontades que me pintam e me entorpecem
eu elaboraria ausências tão instáveis
quanto a falta de mim que invento e me empareda.

Feira de Santana, 15 de maio de 1998 / Candeias, 29 de junho de 2008.

[*A Anunciação* de Fra Angelico]

– Que o Teu Espírito, Senhor, adentre
o meu corpo extasiado por conter-Te.
E nesse transbordar eu possa ver-Te
na chama casta que me invade o ventre

que agora abriga Teu altar e berço.
Toda carne contém algo de pressa
alguma coisa aquém dessa promessa
que se deixa infundir em todo Terço.

Mas em mim como em tudo não me basta
ser minha; antes, preciso ser-me Tua
como é da chuva a terra e desse intenso

mar, molde da imaginação mais vasta
a mais sublime e inesperada lua
para nascer de mim o Amor imenso.

Feira de Santana, 25 de maio de 2008.

[*O Batismo de Cristo* de Piero della Francesca]

– Por que fazer do instante uma escultura
uma doce ilusão sobre o presente
se tudo passa, tudo segue em frente
se é tudo uma ilusão que não perdura?

Por que fazer da vida uma procura
cada vez mais penosa e mais urgente
cada vez mais imensa, mais senciente
se tudo se reduz à terra escura?

Assim pensava antes de ver o voo
que vi e antes de ouvir a voz do Imenso...
E eis-me aqui me despindo e em meu silêncio

retorno ao Deus que sempre nos amou
sob a benção de luz e amor fraterno
num céu de asas abertas sobre o Eterno.

Feira de Santana, 25 de maio de 2010.

[*As três idades do homem e a morte* de Hans Baldung]

(*Shakespeariano*)

– Quando a hora soa em míseros desvelos
e em noite horrenda se consome o dia;
flores à foice entregam a alegria
em prata se convertem meus cabelos...

Já sem folhas eu vejo o tronco altíssimo
que outrora fora sombra ao manso gado
e ao ver o verde estio então ceifado
ir-se em funéreo passo e em pelo alvíssimo

pergunto-me por tua vil beleza
que se consumirá em vã ruína
como acontece a toda Natureza

pois nada a afastará da mão do Tempo
que a todo ser vivente é dura sina
fora a prole... a assistir teu passamento.

Feira de Santana, 22 de setembro de 2007.

[*A dúvida de São Tomé* de Caravaggio]

– Para o homem que tanto necessita
do Mistério a vida é um esplendor
desigual onde o espanto e a imensa dor
são chaves pro milagre em que ele habita.

E no silêncio a Imensidão transcrita
por nosso grito vem nos recompor
de Sua ausência e faz-se em carne e amor
a Palavra por tantas vozes dita.

Mas os olhos de um homem podem ser
a mais profunda cova deste mundo...
Diante dos que alcançaram o dom de crer

já não sinto o viver que em tudo corre
e o vazio de meus olhos é mais fundo
porque em minha alma existe um Deus que morre.

Feira de Santana/Candeias, 20 de março de 2008.

[*Susana e os Velhos* de Artemisia Gentileschi]

à minha muito cara Suzani Leite Caribé – *sempre grato*

– Mas quanto de Fé pode nos salvar...?
Quanto de amor, que ao próprio amor ensina
guardar-nos-á da triste e estranha sina
de desejar um céu sem o fitar?

Que perdão poderemos alcançar
se o que era eterno já não nos fascina;
e o que amamos nos trouxe esta ruína...
Por ti, filha de Helcias, por te amar

mentimos tanto que ficamos roucos
sem ter maiores culpas nem receios.
E no arder de paixão que nos fez loucos

um *lentisco* nos partirá ao meio
e um *carvalho* nos serrará aos poucos
porque há um Deus que habita entre os teus seios.

Candeias, 28 de junho de 2009.

[*A Crucificação de Cristo* de Rubens]

– É tudo leve agora... é tudo pó
sob este Céu envolto na agonia
e a dor que se imprimiu na pele fria
é a tessitura exígua deste Ó

por onde se desfaz o último nó
do vetusto preceito que podia
fazer da Glória Eterna uma porfia
vã, pois todo homem nasce e morre só.

Mas a treva plantada sobre o lume
desvaneceu-se toda sob o abraço
de um grande amor sem mácula e ciúme.

E assim se espera pela fé a nova
chama que brotará sobre o ocaso
pois pela Graça tudo se renova.

Feira de Santana, 31 de março de 2006, no dia de meu 28º aniversário.

[*Vênus ao espelho* de Velázques]

– Ah, diante da Beleza, viva ou morta
somos mero reflexo do abandono
neste enleio que faz perder o sono
porque o alento já não nos importa.

Desesperado, o olhar suporta a dor
do que deslumbra, pois é mais profunda
a dor do olhar se assim a alma se inunda
de uma luz que nos enche de pavor...

E se a boca do tempo tudo come
dela também escapam velhas trovas
para fugir de sua foice e fome

nos entalhando então cruel lembrança
que sempre nos expõe a duras provas
como a imagem do amor de uma criança.

Feira de Santana, 20 de setembro de 2007.

[*Moça com brinco de pérola* de Vermeer]

à senhora Irene Carneiro da Silva, *minha mãe*

– Mas é assim que emprestamos à verdade
a maravilha oculta em meio às sombras
que uma luz vai buscar, na intimidade
de um olhar, outro olhar em meio às dobras

que o fulgor vai traçar por entre as partes...
Outra metade é escrita pelas sobras
de um frágil instante entre o real e as artes
que todo artista traz em suas obras.

Este instante evidente da emoção
é quando o olhar desacredita a pérola
na iminência de um susto, aparição

silenciosa de um lume sobre a tela
que se prende do mesmo rosto à auréola...
De amor, toda falena se une à vela.

Feira de Santana, 30 de março de 2006/13 de julho de 2010.

[*Andrômaca a velar Heitor* de Jacques-Louis David]

a James Vasconcellos, *por sua música*

(*Baudelaireano*)

– Eu também, pobre Andrômaca, senti
minhas carícias destroçadas. Não
tenho em meus braços mais que a solidão
de um cisne em agonia, quando o vi

roer-se de um desejo de infinito
e ante àquele esplendor sublime e irônico –
esplendor tão azul quanto era agônico
– eu nada fiz para conter meu grito.

Quando temos as almas arrancadas
nada nos sobra além dos desenganos
das carnes que apodrecem emaranhadas

entre os braços da terra. Nada sobra
p'ra além da dor e do passar dos anos...
porque a morte se orgulha de sua obra.

Candeias, 15-17 de janeiro de 2009.

[*A barca do Medusa* de Géricault]

ao amigo Paulo Akenaton

– Não há sonho mais lindo do que o lar
nem maior pesadelo que a distância;
nem há maior angústia que esta ânsia:
"ir onde não podemos mais voltar"!

Nesta aglutinação em que um olhar
fita o infame infinito à semelhança
de um abutre a se guiar pela fragrância
da morte, assim fitamos este mar

inutilmente, olhando deslumbrados
tentando achar no nada uma existência...
mas só encontramos sonhos destroçados.

O que restou então de nosso escombro
busca arrancar do imenso uma vivência
como a esperança erguida em nossos ombros.

Feira de Santana, março de 2006/julho de 2009.

[*Angelus* de Millet]

a Mílvia Cerqueira, *voz e mãe...*

– Quando as tardes sem fim nos trazem sonhos
que um dia abraçaremos sobre os nadas
e o que sobrou de luz nos preenche as asas
onde guardamos certos voos tristonhos.

Quando a noite nos vem como um abandono
– mais um – em meio à dor que nos chamava
e um soluço de amor nos arrancava
a nossa última ilusão de sono

o que nos resta além do que lembramos
ou o que sobrou de nós além de instantes?
Mas repousam agora entre as raízes

vidas que inutilmente cultivamos
e à terra volvem sem seus nomes... antes
nos dão certeza de horas mais felizes.

Candeias, 28 de junho de 2006 / 31 de dezembro de 2008.

[*A morte dos Nióbidas* de Pierre-Charles Jombert]

... γάτω καί Νιόβα μάλα μεν φίλαι ἦσαν ἔταιραι.

SAFO DE LESBOS

– Se morta, sim, eu me fizesse, adormecendo
sobre os braços da terra amiga, pouparia
meu coração desesperado e me faria
como a doce romã que, agora, florescendo

amadurece alegre, e, enfim, apodrecendo
reduz sua doçura à lembrança de, um dia
ter sido, entre outras tantas, a que de alegria
povoou o chão com belas sementes. Mas vendo

minha função de mãe minorada a um momento
de mais profunda angústia assim eu permaneço
petrificada, imóvel pelo sofrimento

não recordando mais da luz do sol nascente
e nem sentindo a forma fria onde me esqueço:
esta fonte a fluir de dor, eternamente.

Uma sugestão do amigo e crítico literário Jessé de Almeida Primo.
Candeias/Feira de Santana, 12-14 de janeiro de 2008.

[*A Batalha do Avaí* de Pedro Américo]

– Aqui é o lar dos amaldiçoados;
dos isentos do amor, dos sem espanto;
das dores repetidas sem descanso;
dos negados de si... dos renegados.

(Em meio a estes desertos habitados
unida pela mesma dor e pranto
e entorpecida pelo mesmo canto
pelo qual se guiam os homens ignorados

por que ficaste viva vil lembrança...?)
Pois só amando a ínfima esperança
arrancaríamos cruel beleza

das alucinações desesperadas
da angústia e das palavras magoadas
de se fazer sozinho na tristeza.

Feira de Santana, 8 de abril de 2006.

[*Esqueletos procurando se aquecer* de James Ensor]

– Porém, sempre buscamos a brancura
após a rubra e efêmera agonia
de corpos arrastados na alegria
de remover da carne a formosura

imortal de uma simples aventura
em meio à eternidade que nos guia.
Porque na dor toda alma se faz fria
buscando em meio à morte uma ternura

– ou um instante que ecoe eternamente –
neste desabrochar intermitente
dos que partiram em paz e por vontade.

Ao pó que nos compõe, nós tornaremos
um dia em que sozinhos voltaremos
à vã e humilde essência da saudade.

Candeias, 26 de março de 2006 / 13 de julho de 2008.

[*O Grito* de Edwar Munch]

ao poeta e amigo Patrice de Moraes

– Nas tardes mortas eu perdi meu nome
e em cada uma delas morri um pouco
pois nada cabe a mim que achar-me um louco
vivendo de comer a própria fome.

Esta visão de mim que me consome
dói como há-de doer um grito rouco
que o pudesse gritar um tronco oco
ante o vazio que a ele próprio come.

Hoje, só existe dor nesse sol-posto
e a natureza toda se apavora
ao ver-se refletida no meu rosto

que a noite sobre mim vem sem demora
como para me dar algum conforto
enquanto se retarda a *minha Hora*.

Feira de Santana, 28-29 de setembro de 2007.

[Dagmar de Anders Zorn]

(pr'uma aquarela à Cruz e Sousa)

– No lago, as águas cristalinas dormem
a espelhar todo um céu emoldurado...
É o próprio céu na terra embalsamado
numa aparente quão sutil desordem.

No ocaso, a luz do sol no lago escorre
e eu sempre vejo as sombras afrontando
essa paz que me faz viver sonhando
mesmo que o sol mais abrasado jorre.

É verde a margem deleitável e erma...
qual minha alma extasiada (e tão enferma)
a roçar sobre o espelho destas águas.

E há uma mulher que me enrubesce a face
e ao se banhar é como se lavasse
as minhas tristes e profundas mágoas.

Feira de Santana, 25 de março de 2008.

[*O carrossel* de Mark Gertler]

à senhora Cláudia Cordeiro, *un souvenir...*

(*pr'uma aquarela à Carlos Pena Filho*)

– Por que pintei de azul a nossa estrada...?
Por não trazer um céu sobre os sapatos.
Então busquei em gestos insensatos
despir do azul o Azul da madrugada.

Para exigir então o azul ausente
que se espargiu em tuas alpargatas
roubei de ti o azul das coisas gratas
que em teu olhar nasceu tão simplesmente.

Mas vestidos de azul nem recordamos
haver tantos azuis que azuis se amassem
qual o Mar e o Céu, no azul, nos espelhamos.

E perdidos no azul nos contemplamos
porque do azul as coisas sempre nascem
pois no morrer do azul nós retornamos.

Candeias, 29 de junho de 2009.

[*Guernica* de Pablo Picasso]

– Não achamos milagres nesta noite
só os sonhos ruídos de outros sonhos
lacinados por estes voos medonhos
qual peles que se rompem sob o açoite.

Nem encontramos paz nestes escombros
entre o que sobra à dor e falta ao riso
lazer da morte em seu labor preciso
que trazemos inquietos sobre os ombros.

E toda forma pelos céus levita
por meio da Ascensão ou em pedaços;
todo amor é maior por entre os braços

que o falecer de um filho em vão evita
num estertor de ardor de carne e pus
para existir razão de alguma luz.

Candeias, 27 de abril de 2007.

[*Criança morta* de Cândido Portinari]

ao poeta e amigo Bernardo Linhares

– "O que se foi só voltará para a lembrança
durante o pouco tempo que a lembrança existe
e o que te fica é só o que a vida em vão insiste
que em ti renasça: a tua dor que não se cansa

o amor sempre a fugir, uma tola esperança
no milagre e nas coisas em que ele consiste
a tua fé (no desespero) e aquele triste
encantamento que nos tempos de criança

fazia-se tão forte, real, verdadeiro...
E o que te resta agora? Somente a saudade
e a aprisionada e humilde chama da verdade

que também te consome o coração inteiro
pois tudo o que se foi não voltará, jamais...
e o que resta em teus braços te levou a paz".

Feira de Santana, improvisado em 17 de janeiro de 2008.

[O Vaqueiro de Juracy Dórea]

ao amigo e velho vaqueiro consanguíneo, Miguel Carneiro

(pr'uma aquarela à Emilio Moura)

– Esquecidos no vento procuramos
por aquilo que outrora fomos – tanto
faz se a luz que nos guia agora é pranto
se tudo se desfez... Nós perduramos.

Tudo torna a viver e reencontramos
a força de existir; o próprio encanto
que transfigura o nosso grito em canto
oportuno, o caminho pr'onde vamos:

é a memória a deter a nossa sina
de ter nos pés os giros que há no mundo
e a vontade de amar que a tudo ensina

porque a alma há-de fazer a própria sorte
ante o esplendor mais límpido e profundo
ou do anjo frio que nos trará a morte.

Candeias, 1º de março de 2009.

[*O flagelo de Lucas* de Carlo Barbosa]

para Gil Mário e Juracy Dórea... *esta paráfrase rilkeana*

– Verás que desde sempre eu sou sozinho...
Com palavras triviais e gestos loucos
arranquei deste mundo (bem aos poucos)
seu pedaço mais frágil, mais mesquinho...

De meu olhar provém estes perfumes?
De minhas mãos, a essência eterna e forte
que pesa sobre mim? Que sei da Morte
e seus preceitos mágicos, seus lumes...?

Far-me-ei, porém, em mais de mil pedaços
para trazer-me inteiro entre os Teus braços...
Com esta dura carga (e o corpo nu)

semearei em meu peito o que eu escrevo;
e deste antiplatônico e hirto enlevo
dir-Te-ei: "Estou aqui... Teu Esaú!"

Feira de Santana, 26 de março de 2007.

[*A pele de Esaú* de Gabriel Ferreira]

– Mas as coisas que amamos, que emprestamos
aos instantes de que a alma se alimenta
como os mundos que a nossa dor intenta
só têm valor se nós as confessamos...

Maiores são as vidas que rogamos
aos signos – sua ação profunda e lenta –
sobre as lembranças que a memória inventa
que valem muito mais do que pensamos

ser nossa indiferente realidade.
E em todas elas há certa saudade
mãos que se abrem vazias sobre o nada

e uma beleza que de tão perfeita
não pode ser cantada e sim refeita
no deslumbre ou na dor de uma risada.

Feira de Santana, 15 de janeiro de 2008.

II
MOVIMENTO

O Flagelo de "Lucas da Feira", de Carlo Barbosa (1987):
Acrílica sobre tela; 240 x 155 cm – Centro Universitário de Cultura e Arte
(Museu Regional de Arte), Feira de Santana, Bahia.

LA DANSE MACABRE

ou O CORTEJO DOS MORTOS
(1998 – 2008)

à memória de meus avós maternos:

o senhor Oséias Dias da Silva

&

a senhora Alice Carneiro da Silva

"... Senhor, a tua voz principal obedeço.
Do mundo a fé se manifesta em mim.
Esta é a hora de conduzir nos ombros
o peso da paixão que mata o Filho
e a mim mesmo também há de matar.
Tua vontade se cumpra, a minha não".

MURILO MENDES

CANTO DE ANULAÇÃO

DIVERTIMENTO EM MI BEMOL MAIOR
PARA DOIS OBOÉS E FAGOTE

a Consuelo Penelu Bitencourt

É preciso falar das coisas idas
das cinzas destes sonhos, das infâncias;
destas rotas sem fim, destas partidas.

É preciso falar destas distâncias
do poema de amor, destes enganos;
das sombras de outros mortos, destas ânsias

que valem muito mais que os nossos anos
de sonhos e silêncios revestidos –
que só nos trazem dor – entre outros danos.

Necessário é falar destes medidos
passos cheios de ocasos e alegrias
pelas noites sem paz já revividas.

E todas essas coisas tão vazias
imagens destituídas de seus nichos
nos trazem a ilusão de novos dias...

... mas a morte tem lá os seus caprichos.

TRÊS CANÇÕES INFANTIS E UM ACALANTO

I

A CASA DE ASAS
ou A SEGUNDA METAMORFOSE DA CASA:
SOBRE UM TEMA DE DAMÁRIO DA CRUZ

à memória de Eugênio de Andrade

de pouquinho em pouquinho
vai se erguendo esta casa
feitinha de silêncio

mas não se contentando
apenas em ser casa
vai se tornando nuvem

e se estende por terras
distantes, esta casa
que agora voa, voa...

ela dorme no vento
e sonhando-se casa
é pássaro na rota

porque toda ave sabe
sem saber-se ave-casa
das rotas do retorno

porque toda ave sabe
tornando-se ave-casa
da forma e seus contornos...

mas, que dizer então
desse pássaro-casa
que um dia será chuva?

II

CIRANDA DA CHUVA SERTANEJA
SOBRE UM TEMA DE HELENA KOLODY

cai uma chuva de mansinho
cai bem leve sobre o chão
este chão morto do sertão

e vão surgindo mantos verdes
sepultando o que era triste
porque a Beleza em vão resiste

cai uma chuva (bem de leve)
no meu mundo tão tristonho
onde tudo renasce em sonho.

III

POUR FAIRE LE PORTRAIT D'UN OISEAU
SOBRE UM TEMA DE JACQUES PRÉVERT

para Larissa *e* Cauã, *meus sobrinhos*

um pássaro pousou sobre o portão da casa...
pensemos numa coisa bela
    numa coisa simples
em algo que nos traga alguma alegria
sem ao menos
nos mexer
sem ao menos
chorarmos
    (mesmo que seja
    preciso
    não
    choremos)
  e assim
guardemos o mais profundo silêncio
e fechemos os olhos para escutar o pássaro
e abramos nossos braços
    para abarcar os sonhos.

UM ACALANTO
SOBRE UM TEMA DE MIHAI EMINESCU

(Mortos de sono, os passarinhos
vêm repousar por sobre os galhos
e exaustos volvem aos seus ninhos...
    Irão dormir!

Somente a fonte ao longe fala
mas no silêncio destas matas
dorme uma flor e tudo cala...
    Que durma em paz!

Um cisne passa sobre as águas
vai descansar em meio aos juncos –
que os anjos lavem as suas mágoas...
    Um sono doce!

E à meia-noite há a alegria
de uma esquecida e alta lua
pois tudo é sonho e harmonia...
    Boa noite!)

Feira de Santana, 28 de abril de 2004 / 6 de agosto de 2010.

CONTEMPLAÇÃO DE CACHOEIRA

ou SONATINA EM LA BEMOL MAIOR
PARA PIANO, VIOLA & CLARINETE *IN* SI BEMOL
(À JANELA DO POUSO DA PALAVRA, ABSORTO...)

em memória do poeta e amigo Damário DaCruz,
semente renascida em Cachoeira

– Silenciosa Cachoeira
(silencioso
      grito
de História
      erguido
à minha frente)
és integração
entre a noite escura
e meu sonho de poeta...
      e serias
      sem dúvida
      a minha morte
se de contemplação
esta toda fosse.

Silencioso solar
de poesia...
soma
indecifrável
de novas

e velhas batalhas
de outras tantas
e tantas liberdades
que buscamos.

Já
não sei se é saudade
        ou sombra
este abandono
            mas espero
            que outras
            tardes
        venham
        me trazer
novos pássaros
        ... e antigas
        rotas.

Silencioso
solar
de poesia
sinfonia mais perfeita de Cachoeira
tudo
em
mim
é
retorno.

Cachoeira, março de 2007/Candeias, maio de 2007.

O CORTEJO DOS MORTOS

I

CONTEMPLAÇÃO DE UM ROSTO IMÓVEL:
UMA ELEGIA EM VISITA AO TÚMULO DE MEU AVÔ,
OSÉIAS DIAS DA SILVA, O "SEU NENÉM"

(*Sonetos gêmeos*)

– Contemplar estas lousas em silêncio
como um poema ilícito, perdido;
desfeito neste chão envolto em lágrimas
olhos dispersos, olhos sem consolo.

Aqui estão as pobres coisas tristes
reencontrando as essências e as memórias
das dores engolidas pela terra.
E aqui eu igualmente me reencontro

para abreviar com os olhos os dias hirtos
de minha vida inteira e ressequida
como se este poema fosse o início

de minha dor aqui recomeçada
quando perdi teu nome em meio às lápides
e a minha paz com tua morte; mas

ali se encontram tantos rostos e hoje
é meu rosto que se muda ao rever-te.
Carrego-te nas sombras e nas sobras
destes mármores, deste chão vetusto.

Hoje, a leveza de teu corpo invejo;
invejo tua casa de silêncios;
tua morada eterna e verdadeira;
invejo a fria ausência de teus olhos.

Venho buscar teu ser por entre as brumas
venho sentir teu corpo sob a terra
acariciar teus pés por sobre as ervas.

Tudo contém as máscaras amargas
dos enganos... Porém, é doce a face
da verdade em que a terra te modela.

Feira de Santana, 28 de março de 2006.

II

UM CÂNTARO JUNTO À FONTE:
UMA ELEGIA EM VISITA AO TÚMULO DE MINHA AVÓ, ALICE CARNEIRO DA SILVA, A "DONA LICINHA"

> *Do suor do teu rosto comerás o teu pão,*
> *até que voltes à terra, porque dela foste tomado...*
> Gênesis 3,19.

– Na colcha de retalhos das palavras
alinhavei teu nome às minhas lágrimas
como se alinha ao sonho o que se busca
ou como nada fica do que foram

os teus passos por sobre o chão da casa.
As lembranças daqueles que te amaram
repousam sobre o pó que te recobres
e um dia hão-de ficar sobre o meu rosto.

Eu sinto a tua sombra unida à minha
como o silêncio oculto nos instantes
como sinto (também) esta saudade

encher-me de pavor e esquecimento
como as horas de minha vida inteira
refeita com a dor de tua ausência.

E nada nos iguala
mais nem nos torna
tão humanos... só assim
nos recordamos mutuamente:
somos matéria mesma e propósito...
Prossigo por estas
distâncias que nos fazem tão dispersos
e
aguardo pelo dia
em que o tempo nos convocará.

Posso apenas mostrar-te agora
o que os meus olhos sentem ao rever-te
sob o manto
de espera no qual te envolves
como a noite
no ocaso
envolve o dia
que não se sabe
findo, mas
em tua casa
eles ainda não são bem-vindos.

Feira de Santana, 2-10 de novembro de 2006.

III

OS BENS DE SANGUE, HEREDITARIEDADE E OUTROS TANTOS ATAVISMOS:
UMA ELEGIA EM BUSCA DO TÚMULO DE MEU PAI, AMARÍLIO DE SOUZA DUQUE

(*Improviso*)

– Quando soube de ti
já eras morto;
nem nunca tive em mim palavra tua
que não me fora dada
de outra boca;
vives em mim como os Santos
sobre as abóbadas de ouro
nestes antigos templos
onde o amor é demais para tão
simples lembrança mas
reconheço em mim a trajetória secular
a herança de honra e sangue, traçada muito antes
desta ausência
mesmo sem nunca ter te visitado
os ossos
ou
o teu rosto
nos retratos.

Candeias, Natal de 2006.

O CACHO PERDIDO DE TEU CORPO

TRÊS SONETOS GÊMEOS
ou VARIAÇÃO SOBRE UM TEMA DE PABLO NERUDA:
SONETO XCIII – UMA PARÁFRASE MINHA.

à minha sempre Lucifrance Castro,
por não ter outra razão para amá-la senão amá-la

Tema – *Larghetto cantabile con variazioni*

Si alguna vez tu pecho se detiene,
si algo deja de andar ardiendo por tus venas,
si tu voz en tu boca se va sin ser palabra,
si tus manos se olvidan de volar y se duermen,

Matilde, amor, deja tus labios entreabiertos
porque ese último beso debe durar conmigo,
debe quedar inmóvil para siempre en tu boca
para que así también me acompañe en mi muerte.

Me moriré besando tu loca boca fría,
abrazando el racimo perdido de tu cuerpo,
y buscando la luz de tus ojos cerrados.

Y así cuando la tierra reciba nuestro abrazo
iremos confundidos en una sola muerte
a vivir para siempre la eternidad de un beso.

SONETO I – VARIAÇÃO EM TOM MENOR

Andante affettuoso ma con brio, quasi adagio

Se alguma vez teu peito se detém
se algo deixa de arder em tuas veias
se a tua voz se esvai entre as palavras
se tuas mãos, tão vivas, adormecem

Amor, deixa teus lábios entreabertos
porque este beijo durará comigo...
ficará para sempre em tua boca
e me acompanhará também na morte.

Morrerei nesta louca boca fria
junto ao cacho perdido de teu corpo
buscando a luz de teus serenos olhos.

Assim, receba a terra o nosso abraço
e confundidos numa mesma morte
viver num beijo a eternidade, mas...

SONETO II – VARIAÇÃO EM TOM MAIOR

Andantino con moto, un poco assai

... antes que esse torpor de nós se encante
busquemos, minha Amada, a cor ausente
em nossa vida e assim roubar da dor
seu território. Quantas coisas puras

se farão tão longínquas e vazias
qual teus olhos fechados a esta luz
para eles consagrada, minha Amada
beija-me antes que nós desabitemos

a humana parte desta terra fria
para sermos um só entre os silêncios
dos insetos, do barro... das raízes.

Permita-me dizer-te que eu te amo
para que a treva que roubou teu sonho
não arranque de mim a tua essência.

SONETO III – CODA

Adagio sostenuto, quasi una fantasia

– "Amado meu, há muito tempo a terra
ausente de cuidados nos convoca.
Meu amor, eu padeço de vontade
como as ervas que não se sabem chão

e espargem pela terra todo o verde
discernimento sob os pés dos homens...
A vida toda que eu te entrego, dê-a
de igual maneira ao vento de outros tempos.

Concede-me somente amar-te agora
pois nada conhecemos de um instante
que não se faça em outro que nos chega.

Eu quis o teu amor mais do que tudo
e se eu o tive inteiro e sem medida
é porque sempre soube ser-me tua".

Candeias, 18 de março de 2007.

TRÊS SONETOS AMOROSOS...

I

SONETO: *"IN SOGNO..."*

(Pr'uma aquarela a Pablo Neruda)

Porque eu te amo, dormirás agora
a repousar teu sono no meu sonho.
Que a tua boca e o teu silêncio sejam
estas fissuras pelo amor abertas.

No pequeno infinito de teu corpo
revivem com meus beijos tuas formas
e a oculta luz de tua terra e flores
que dormem rodeadas por meus braços.

Assim me abraço a toda arquitetura:
intervalo entre os frutos e as raízes
porvir do barro, espaços e serenos

para colher apenas tua carne
para tornar a ver-te e te habitar
– ó girassol voltado para as sombras.

II

SONETO ENJOATIVO
(Escrito por um adolescente tolo ante os olhos da primeira namorada)

Não me oferte o desejo outra porta
nem me consinta o amor outras estradas
se a ânsia de viver já me transporta
a mais azul de todas as jornadas.

Não me guiem ou me sigam no caminho
as mãos que mudam os rumos e as histórias;
que ao brilho de teus olhos vou sozinho
sem crenças, nem espera ou memórias.

E se perco qualquer de teus instantes
e o azul de teus olhos faz-se ausente
morre o que em mim te quer perdidamente.

Mas se torno a rever-te na cor de antes
tudo que há em mim revive em teu olhar
no azul onde se espelham os céus e o mar.

III

SONETO CAFAJESTE...

sobre um soneto de João Carlos Teixeira Gomes

De mim não saberás o quanto eu te amo
por não querer do amor a morte exata
nem me importa do amor verdade ou engano
"se o mesmo amor que cura é amor que mata"...

Piegas, não!? Mais do que isso, é amor confesso;
tanto mais imbecil se mais se mostra
contido de paixão e tempo egresso
onde tudo no fim é a mesma bosta.

Mas, se me amas no instante em que me vens
amar-te é o que mais sinto e o que mais vejo
pois quanto mais te negas mais me tens

neste amor que é nutrir-se de sobejo...
Num jogo de intenções e de desdéns
apenas quero eterno o meu desejo.

Feira de Santana, setembro/novembro de 2009.

LÚCIFER

SOBRE UM POEMA DE MIHAI EMINESCU

a Cristina Nicoleta Mănescu, *por sua história*

Sobrou de toda mágoa – e destas ânsias –
este anjo cujos olhos renasciam
entre os voos que nas asas se insurgiam
por entre os céus sem fim e sem distâncias.

Ele girou em torno de seu rosto
num estertor de infinito que o nutria
e na manhã reescrita que o seguia
vi a rosácea inconsútil de um sol-posto.

O anjo (de asas de sombra e luz que medra)
deixou seu nome em tudo quanto existe
por ser entre as estrelas a mais triste.

Tudo que o anjo quis, perdeu na queda...
O ardor pelo que morre e o rosto terno
de alguém que se cansou de amar o Eterno.

Feira de Santana, 18 de julho de 2000/Candeias, 22 de julho de 2010.

UMA CANÇÃO SOBRE O SILÊNCIO

à minha cara Geovana Nascimento

Há sempre em meu olhar a mesma chama
a mesma claridade aprisionada;
lembranças que a memória em vão reclama
como a dor de uma sombra prolongada.

Na paz e na saudade de quem ama
sempre há uma voz que busca a voz amada
como o anseio procura toda trama
ou a lavoura a chuva desejada.

Eu sei que além de meu olhar existe
um lugar muito além destas miragens
em que a própria razão de amar consiste

e pr'além disto tudo está a morte
adornada de ausências e mensagens
como a ilusão por trás de toda sorte.

Feira de Santana, 13 de junho de 1998/Candeias, 28 de junho de 2013.

UMA CANÇÃO PÓSTUMA
À MANEIRA DE VICENTE HUIDOBRO

ao amigo Jaime Stone, também chileno

Em meu coração há sempre um porto
antigo de esquecidas datas
repleto de incontáveis
sonhos.

E há sempre naus que vão partindo
        lenços
a estender o meu adeus
e um porvir...
tantas vezes renascido.

Ando, em viagem, a esperar por minha vida:
        nela estou sempre ausente
        desejando
        (calado)
        outras distâncias
        ou anseio
        – gritando –
        por minha morte

        ... meu coração é um poema jamais escrito.

JURNALUL FERICIRII

IMPROVISADO APÓS A LEITURA DE
O DIÁRIO DA FELICIDADE
DE NICOLAE STEINHARDT

ao amigo Elpídio Mário Dantas Fonseca,
com todo o meu apreço

Se existo é porque a carne não tem nome
e onde o amor se desfez a alma procura
a vontade de amar que ainda perdura
como perdura a morte e a sua fome.

Pela boca do tempo tudo some
mas se torna a viver é que a mais pura
vontade de existir revela e apura
o que a própria razão de ser consome.

Do assombro e do desejo em vão renasço
com o mesmo coração profundo e inquieto
se com Deus não me unir em estreito laço

como se une o silêncio a todo inverno
como se une a razão a nobre gesto
pois tudo o que é fugaz vive do Eterno.

Feira de Santana, 15 de junho de 2010.

III
MOVIMENTO

A Ciranda das Sombras, de Gabriel Ferreira (2010): acrílico sobre tela, 30 x 40 cm, coleção particular.

A ÚLTIMA CAVATINA

(Finale)

à memória dos poetas
Bruno Tolentino
Alberto da Cunha Melo
&
Ildásio Tavares

... Pobres de espírito os que julgam a Lei pelos homens da lei,
a Igreja pelos homens da Igreja
e a Eternidade por um trapo de tempo...
JORGE DE LIMA

UM INSTANTÂNEO PÓSTUMO

ANTE A MÁSCARA MORTUÁRIA DE BRUNO TOLENTINO:
À SUA MANEIRA, MAS COM CERTA LICENÇA...

ao sempre presente Jessé de Almeida Primo

– Poeta, o que há em nós de mais perfeito
entregamos destarte à sombra, ao vento
e a um tempo além de nosso vago intento
de prolongar a dor pr'além do peito

pr'além do próprio grito ora refeito
para durar suspenso neste lento
esvair-se das horas, alheamento
do que em nós tantas vezes foi desfeito

entre a seara e a colheita... e assim vivemos
igualmente à garoa na janela
ou choro solitário de uma vela

colhendo e replantando o que perdemos
entre o arado e a imarcescível erva
seguindo sós... entre o silêncio e a treva.

Feira de Santana, junho/dezembro de 2007.

VERSOS PARA NÃO FICAR CALADO

ou POEMA DRAMÁTICO PARA UMA ÚNICA VOZ:
EM OCASIÃO DA MORTE DE JAÍLSON MEDEIROS

ao mestre e amigo Ildásio Tavares

Quando liguei
a procurar por alguém
que fez parte de ti
   a dúvida
foi-me menos tenebrosa que a certeza da pergunta:
– "sabes quem morreu"?!...

(O apagar de tua existência não
        me preencheu mais
        que as águas
        nas quais
        te afundaram.)

Tudo continua sem ti – como sem mim
(e disso sei)
continuará tudo –; porém
      agora
dentro de mim
      (e à minha
      volta)
      tudo...
tudo dói *mais* um pouco.

AH, UMA ELEGIA...

ao meu amigo Cremilton Suzart, *morto...*

Eu nada te peço a ti, tarde de maio,
Se não que continue no tempo e fora dele, irreversível...
CARLOS DRUMMOND DE ANDRADE

Como aqueles que em vão trazem consigo
a foto desbotada de seus mortos
assim nós carregamos sobre os ossos
a lembrança feliz de um sonho antigo.

Mas é assim que em silêncio conduzimos
um amigo ao horror do Precipício
e conhecemos o cruel ofício
que a terra presta ao seres que estão vivos.

Cremilton povoou a sua cova
qual um machado ferindo novas achas
e era como sentir uma renova

um sopro da existência em meio à morte:
– a certeza da dor e destas marchas –
é a crença firme em uma outra sorte...

Candeias/Feira de Santana, de março a julho de 2006.

UM PÔR DO SOL NO RECIFE

UMA ORAÇÃO PARA ALBERTO DA CUNHA MELO:
A SEU MODO E COM CERTO ATREVIMENTO...

ao poeta e amigo Gustavo Felicíssimo,
pela admiração que temos por este grande bardo pernambucano

– Penso, Poeta, em tua vida
e neste ofício que consome
nossas melhores esperanças
nutrindo de Amor toda a fome

neste manejo de palavras
a destruir a própria lavra

e que é tão nosso quanto o tempo
e o acumular de nossas noites
forçosa negação da morte

porque o temor da Eternidade
nos consola ante a realidade.

Feira de Santana, dezembro de 2007.

... À MULHER DE LOT

UMA CANTILENA PARA SOPRANO E HARPA SOBRE UM POEMA DE BRUNO TOLENTINO

ao filósofo Olavo de Carvalho, com admiração e atrevimento...

Tudo é memória...! Nesse breve instante
entre o delírio e o sonho, cada imagem
morta resume a vida e a sua aragem
de brisa desigual e delirante;

labirinto que sempre atravessamos
quanto mais nos perdemos, não importa
onde termine, há sempre uma outra porta
em que saudosos para trás olhamos

e trazemos as nossas próprias sombras
como um marulho num revoar de pombas
ou um mistério maior à nossa frente

porque há um fantasma em nós adormecido
entre tantos abismos revividos...
Mas só a visão de Deus é suficiente.

Candeias, 25 de maio de 2008 / 2 de julho de 2010.

DADOS INTERNACIONAIS DE CATALOGAÇÃO NA PUBLICAÇÃO (CIP)
(CÂMARA BRASILEIRA DO LIVRO, SP, BRASIL)

Duque, Silvério
  Ciranda de sombras : (poemas 1998-2013) / Silvério Duque ;
apresentação de Jessé de Almeida Primo. – 1. ed. – São Paulo :
É Realizações, 2013.

ISBN 978-85-8033-139-4

1. Poesia brasileira I. Primo, Jessé de Almeida. II. Título.

13-06194   CDD-869.91

ÍNDICES PARA CATÁLOGO SISTEMÁTICO:
1. Poesia : Literatura brasileira   869.91

Este livro foi impresso pela Digital
Page para É Realizações, em julho
de 2013. Os tipos usados são da
família BastardusSans e Dante MT.
O papel do miolo é alta alvura 90g
e o da capa, cartão supremo 250g.